TOÑO Y
EL BOSQUE

TOÑO Y
EL BOSQUE

ELADIO DE VALDENEBRO

Ilustraciones de Juan Sierra

GRUPO
EDITORIAL
norma

Barcelona, Bogotá, Buenos Aires, Caracas,
Guatemala, Lima, México, Miami, Panamá, Quito, San José,
San Juan, San Salvador, Santiago de Chile.

© Eladio De Valdenebro, 1997
© Editorial Norma, S.A., 1997
A.A. 53550, Bogotá, Colombia

Prohibida la reproducción total o parcial
de esta obra sin permiso escrito de la Editorial

Primera reimpresión, 1998
Segunda reimpresión, 1998
Tercera reimpresión, 1999
Impreso por OP Editorial
Impreso en Colombia - Printed in Colombia
Noviembre, 1999

Dirección editorial, María Candelaria Posada
Dirección de arte, Julio Vanoy
Diagramación y armada, Ana Inés Rojas

ISBN: 958-04-3397-6

CONTENIDO

*Al bosque de la finca de
mi tía Myriam. Ya no existe.
Lo talaron para convertirlo
en papel periódico.*

Personajes:

Toño, Luis y William, muchachos campesinos de unos 13 años.

El inspector y Josefa, papás de William.

El abuelo de Toño, dueño del bosque.

La abuela.

La maestra de la escuela.

Don Jacinto, el tío de Toño.

Don Pepe, el de la tienda.

Alfredo y el Tuso, los dos tipos malos.

La Patasola, ánima de Don Hermógenes.

Lugar:

Vereda del Asomadero, en la cordillera Occidental a unos 80 kilómetros de Popayán, Colombia.

Época:

Hace algunos años.

I

Toño pegó la carrera. Con la rama seca que movió al saltar, tumbó el canasto llenito de moras, pero siguió más rápido, a brincos, tenía que ganarle a Luis en zambullirse de primero. Entonces llegó al borde, saltó al agua gritando:

—¡Gané! ¡Gané!

Luis se echó un momento después... y se demoró hartísimo en salir... En eso era lo único en que le ganaba siempre a Toño. A pesar de lo flaco, Luis aguantaba mucho debajo del agua, y sin taparse la nariz con la mano como hacían todos, y dizque abría los ojos, y dizque veía las sardinas y las sabaletas y los guabinos. Toño no le creía que pudiera abrir los ojos dentro del agua, ni ver los pescados, aunque Luis cada vez trataba de convencerlo con la prueba de la guayaba verde: sumergido, esperaba a que Toño se la echara cerca y al ratico salía con ella en la mano, riéndose de contento y de lo macho que era. Toño, de puro terco, le alegaba que no era que la buscara mirando, sino tanteando el fondo con las manos, para eso aguantaba tanto resuello.

—Sólo los pescados tienen ojos para ver en el agua— decía para terminar.

Era ya algo tarde. Desde temprano estaban rondando por el monte para coger moras y guayabas, pues la abuela de Toño hacía mercado la víspera y ya tenía panela para hacer bocadillos y jalea. Pero lo primero que hicieron luego de bañarse, fue subirse a un nogal altísimo, a ver si era cierto lo que decía Luis, que había un nido de ardillas. Toño era un hacha para subir árboles, era mucho más fuerte que Luis, y aunque tenían ambos casi trece años, él era como si fuera de quince o más;

hacía un conejo enorme doblando el brazo, y cuando se desvestían para bañarse, Luis y otros miraban con envidia como inflaba el pecho, ancho, ancho, igualitico a ese maromero que vieron en el Tambo una vez. Entonces Luis se le burlaba diciendo que para qué tanto pecho si no podía aguantar nada debajo del agua y Toño con eso se desinflaba.

¡Era cierto, había dos ardillitas recién nacidas! En una arruga negruzca del nogal, en una rama gruesa muy alta estaba la cría.

—No subás —le dijo Toño—, ¿no ves que si nos ven a los dos se pueden morir?

Luis no siguió trepando, protestó, pero como por decir algo, pues le costaba mucho trabajo trepar árboles, siempre se le atascaba el pie entre las horquetas muy cerradas y tenía que desamarrarse el zapato para zafarse.

—¡Bajá las dos! —le gritó desde abajo a Toño.

—¡No, bruto, están muy chiquiticas, hay que esperar unos días a que crezcan algo!

—¡Pues les damos leche así, con el biberón de mi hermana!

—¡No! ¿Es que no ves cómo están de chiquiticas? Tienen una boquita apenas para chuparle a la mama, para agarrarle esas teticas chiquiticas que tienen las ardillas.

Entonces Toño se bajó como un mico, rapidísimo, se soltó desde una rama y cayó de pie.

—¡La otra semana volvemos y las bajo!

—Sí, mejor, así podemos tener lista la jaula. ¿Cogemos los carrizos de una vez?

—No, ahoritica no, vamos arriba a seguirle la pista al venado cariblanco que dijo el Tío Jacinto y por allí por ese lado es que está el guayabo cargadito, el de guayaba rosada, ¿vamos?

Toño y Luis se pasaban así los meses de julio y agosto, las vacaciones. Iban a comenzar quinto de primaria en la escuela de la vereda del Asomadero. Los papás de Toño estaban ahora de mayordomos en una finca muy lejos, pero Toño se había quedado con sus abuelos para seguir en la escuela. El abuelo era ahora carpintero a ratos, a ratos alfarero; estaba muy viejo para trabajar en el campo y sin fuerzas para tumbar el bosque. Cuando Toño pensaba en esto, se acordaba, hace tiempos, como más de un año, de unos tipos de Cali que le habían pagado al tío Jacinto un montón de plata por todos los árboles que tenía en la montaña. No le gustaba que el tío hubiera vendido ese bosque. Pero a Luis si le parecía bien hecho:

—¡Claro, fíjate, de a buenas, se compró la casa de abajo, que tiene luz, y la nevera y la televisión y ahora hacen los bautizos y todo con música de discos!

—¡Sí —le replicaba Toño—, pero acordáte en lo que le quedó la montaña, todo pelado! Ahora tienen que comprar leña en el Crucero, y el agua de la quebrada les baja siempre sucia y poquitica, y la tía, ¿no la ves?, tiene que venir a coger agua de acá del abuelo, y hasta para lavar ropa, y lo que dijo la maestra ¿qué?, ¿no te acordás, Luis?

Sí se acordaban, aunque luego el abuelo les había dicho que no le creyeran esas cosas a la maestra, que eran mentiras que traía de la Normal de Popayán. El abuelo aseguraba que los árboles no se acababan nunca, para eso echaban harta semilla, que para cortarlos era que los había hecho Dios. Y que el agua tampoco, para eso estaban las nubes que nunca se acababan. Toño no sabía qué responderle, pero estaba convencido de que el abuelo se equivocaba en eso. Después de oír a la maestra lo de los bosques, con varios compañeros había ido a la finca del tío Jacinto, a la parte de arriba, a ver si era cierto lo que les decía. ¡Era cierto! En unos dos años, desde que pelaron la montaña, no habían nacido árboles nuevos, ni unito había.

—Pero es que en dos años no alcanzan a crecer —explicaba Luis.

—Sí, pero fijáte, si toda la tierra negra se ha rodado con los aguaceros, en estos barrancos amarillos qué va a parar una semilla.

Toño y Luis hablaban a cada rato de estas cosas, pero ahora estaban entretenidos con todo lo del bosque. Pararon a recoger las guayabas; Toño se quitó la

17

camisa, la amarró como haciendo una bolsa y las echaron allí. Siguieron hacia arriba a ver la huella del venado, el uno con su camisa llena de guayabas, el otro con el canasto de las moras. De golpe Luis paró en seco y atajó a Toño que lo seguía:

—Oye... ¡Chito! ...Creo que es el venado... ¡Quieto!

Se quedaron como estatuas, sin siquiera mover la cabeza. No se oía nada... Bueno, solo los pájaros del bosque, el flautín sobre todo. Siempre que andaban por la montaña lo oían, su canto filudo, filudo, como el de una flauta de esas plateadas de la banda de músicos del Tambo. Siempre se quedaban quietos, tratando de verlo ¡pero nada! El abuelo decía que no valía la pena verlo, que era un pájaro feo, de color café y con el pico como torcido. Pero Toño sí quería verlo: estaba seguro de que el flautín tenía que ser el pájaro más lindo de la montaña porque era el pájaro que más lindo cantaba; seguro era más lindo que el petirrojo copetudo y que el colibrí azul de cola tijereta. Pero ahora estaban quietos era tratando de oír algún ruidito del venado... Sólo oían los pájaros y esas ranas alboroteras de los ojitos de agua que se escondían entre los platanillos...

Toño dio un brinco y se metió por entre unas ramas de mortiño...

—¡Aquí está la cueva! ¡Aquí está!

—¡Bruto, esa es de un armadillo! ¿No ves que es chiquitica?

Con un palo se pusieron a escarbar, pero no salió nada. Seguro que el ruido que había oído Luis era del armadillo que salía de su cueva.

—Toño, yo no creo que haya venado por aquí..., es cuento de tu tío...

—¡Claro que tiene que haber, hombre! Si no, ¿para dónde se fueron los que había arriba, antes de que tumbaran el bosque?

—Mejor subamos a Lomalta, a ver si vemos el mar..., no vamos a encontrar el cariblanco, seguro. Subamos a ver el mar.

La vereda se llamaba el Asomadero porque desde la loma de más arriba, desde Lomalta, se podía ver el océano Pacífico, por el lado donde se mete el sol; pero había que asomarse muchas veces para verlo, porque casi siempre lo que se veía era un mar de nubes abajo que no dejaban ver el mar de verdad. Esta vez les pasó eso a Toño y Luis, no pudieron ver el mar, sino como una colcha grandísima de nubes y nubes y nubes. Pero para el lado de acá si había harto que ver: abajo, cerquita, las veintitrés casas del pueblo con la capilla, más abajo la escuela y para el otro lado, el camposanto con los pinos oscuros, en fila india, la casa del abuelo de Toño, y regadas más lejos las otras casas de la vereda, todas con su huerta de plátano y café al lado, y el crucero por dónde pasaba el bus, y la mancha crespita del bosque del abuelo, y un guadual redondito que parecía como hecho con compás. Bien lejos se veía el Tambo, la iglesia con su torre pintada de azul y blanco y más lejos, más lejos, estaba el valle del Patía, y la cordillera Central y el volcán Puracé con su humito de siempre y los Coconucos y el volcán Sotará que parecía recortado a machete. Luis decía que subiéndose a la loma de al lado se podía ver Popayán, pero nunca habían subido, siempre estaban muy cansados cuando llegaban allí para seguir subiendo más. Mejor otro día iban a subirse hasta la punta del Munchique a ver si podían ver Cali. Eso sí sería bien bueno, ver Cali; la maestra les había contado que como que era la ciudad que más rápido crecía; y entonces seguro quedaba de capital de Colombia, y entonces sí les quedaba fácil de pronto ir a la capital a ver si veían al Presidente de la República con la bandera de la patria terciada por debajo del saco, y firmando con un estilógrafo de oro las leyes que tenían que obedecer todos los colombianos.

II

A don Pepe le parecía raro que Toño estuviera allí, sentado en la tienda, con una botella de gaseosa que no probaba. "Es muy pollito para estar así desde hace un rato —pensaba, mientras iba empaquetando en libras el arroz—, debía estar mejor ayudándole al abuelo en desyerbar el maizal, para eso es bien fuerzudo".

En la mesa del rincón los dos tipos hablaban tranquilamente, señalando partes de un mapa que tenían extendido sobre la mesa. Habían puesto las tazas de café vacías sobre dos esquinas del mapa para que no se enrollara. Toño los miraba de reojo pero no se acordaba de haberlos visto. Cuando Luis fue corriendo a llamarlo, le aseguró que eran los mismos que hace tiempos le habían pagado al tío Jacinto ese montón de plata por los árboles del bosque.

—¡Oiga don, ¿usted sabe de quién es ese bosque que hay abajo de la finca de don Jacinto? ¿Allí, al otro lado del camposanto?

Toño contuvo la respiración. Don Pepe contestó que era de Elías Tobar, el carpintero viejo, el de la casa de zinc, la de por allí antecito del Camposanto.

—¡Ah, mire, este muchacho es nieto de don Elías! ¡Toño ve, esos señores preguntan por tu abuelo!

—No, don Pepe, ese bosque no es de él —mintió Toño, tratando de hablar calmadamente —mi papá se lo compró ante de irse al Patía.

Salió despacio de la tienda, sin esperar a lo que le iban a decir los tipos, y casi sin mirarlos, y afuera se echó a correr, a correr, cada vez más rápido, camino de su casa.

¡Le rogaría al abuelo que no fuera a vender el bosque! ¡Pero qué va, al abuelo seguro que no le importaba! Seguro le interesaba más tener plata con qué acabar de vivir, y no tener que seguir trabajando así medio ciego como se estaba quedando... Se detuvo en su carrera, mejor no le diría nada al abuelo. Regresó a buscar a Luis, a contarle, a ver qué podían hacer. Al voltear la esquina de la capilla, vio que arrancaba la camioneta de los tipos, y que se paraba más adelante en la casa del inspector de policía. Toño se entró otra vez a la tienda para ver qué era lo que querían los tipos. No contestó cuando don Pepe le preguntó por qué había salido así sin decir nada; más bien le repitió la mentira de que su papá era ahora el dueño del bosque, que ya no era del abuelo.

—Pues éstos lo que vienen es a sembrar pinos en esos peladeros de arriba. Los han estado comprando a huevo, claro, esa tierra ya no vale nada; le van a comprar a Jacinto también todo lo que antes tenía de bosque, pero yo creo que a tu papá sí le va a gustar que le den harta plata por su bosque, ¿no crees, Toño?

—Pues tal vez sí don Pepe, pero él está muy lejos, y nunca viene. Mejor me voy a ir yo allá a contarle. A ver si mi abuelo me da la plata del bus, me voy el martes, o mejor el lunes mismo.

—Pero primero que ellos hablen con tu abuelo, y que le digan cuánto van a pagarle a tu papá, si es que quieren comprar el bosque, porque lo que quieren ahora es sembrar pinos.

—No, don Pepe, mi abuelo está muy chocho, si viera que dice que casi no ve, la abuela no sabe qué hacer con él, voy a hablar yo mismo con los tipos a ver cómo es que es la cosa.

Como el inspector no estaba en la casa, la mujer los había hecho entrar a que lo esperaran. Toño se arrimó despacito a la ventana y se puso a oír lo que hablaban adentro. La mujer del inspector les estaba ofreciendo algo de almorzar. Luego hablaron del bosque cuando ella se fue a la cocina. Podían correr los límites que les habían dado y que el bosque quedara dentro del terreno del permiso; el nuevo dueño seguro que no se daría cuenta pues vivía lejos ahora, en el Patía, y con unos miles de pesos que le iban a dar al inspector todo quedaba arreglado. Por menos plata les había hecho ese informe falso para poder tumbar todo el bosque de don Jacinto la otra vez.

—¿Y el muchacho, el que estaba en la tienda? —preguntó uno de los tipos.

—Qué vaina, parece vivo, y ya tal vez está prevenido. ¡Tenemos que hacer algo, ese bosque vale la pena, son unas doscientas plazas por lo menos!

—¿Tanto? ¡No es tanto, hombre!

—¡Y más! Fijáte en el mapa. Si son tres cañadas completas y bien hondas, ¿no ves que hace veinte años el Ministerio escrituraba unos baldíos inmensos a la gente que se vino acá, por la violencia en El Valle? Este don Elías Tobar, el abuelo del muchacho, debe haberse venido en esa época, seguro.

Toño alcanzó a oír que desenrrollaban el mapa, pero entonces un burro amarrado en la esquina comenzó a rebuznar, y ya no pudo oír más lo que hablaban adentro. Se retiró mirando al suelo, sin saber qué hacer. Cogió una piedra y se la echó al burro con rabia. Resolvió entonces entrar a hablar con los tipos porque ya se había inventado un plan.

—Le conté a mi abuelo y él sí cree que mi papá les venda. Y me dijo que yo hablara con ustedes, a ver cómo era, para ir a donde está mi papá.

Los tipos se sonrieron y le dijeron que le podían pagar unos quinientos mil pesos por el bosque.

—¿Tanto? —dijo Toño admirado—. De verdad nunca había pensado en tanta plata junta.

En ese momento llegó el inspector de policía. Después de saludar a los tipos como si se conocieran mucho, Toño le dijo que se iba a ir donde estaba su papá a contarle, a ver si quería vender el bosque.

—Pero si es de don Elías, de tu abuelo.

—Es que mi papá se lo compró antes de irse.

—¿Y tu papá de dónde? Si no tenía un centavo, por algo se fue de peón...

—¡No es de peón!, ¿oye? ¡Es el ma-
yordomo de una finca grandísima! ¡Y ya
vé, tenía su plata guardada para com-
prarse el bosque!

Como entraba ya la mujer con el almuerzo, Toño se fue saliendo, pero en la
puerta se le ocurrió algo:

—Oiga, don, mi abuelo no me ha de dar
plata para ir donde mi papá. El bus vale,
y en Popayán tengo que coger otro para
seguir hasta el Patía, y a lo mejor tengo
que dormir en pensión, ¿no ve que los
buses salen al Patía muy temprano?

—¿Qué es eso de estarles pidiendo
plata? ¡No le den nada! —dijo el inspector.
Le tenía su bronca a Toño.

—¿Entonces cómo hago para ir? Ni
carta se le puede mandar, no le llega,
seguro...

Le dieron dos mil pesos, se despidió
con el sombrero arrugado en la mano y
salió. El inspector cerró la puerta de un
golpe.

Otra vez se arrimó a la ventana. Podía
oír de nuevo, pues el burro se había
callado hace rato. La mujer les contaba a

los dos tipos que en varias ocasiones del mes pasado había aparecido de nuevo la Patasola.

—¡Déjese de cuentos, Josefa, déjenos hablar del negocio! ¡Váyase a la cocina mejor!

Los dos tipos no le hacían caso al inspector y Toño entendió por las voces que les gustaba más oír a la mujer las historias de la Patasola. Él ya había oído muchas veces a su abuela el cuento de que un ánima del purgatorio, con una sola pata, se aparecía de vez en cuando, de noche, por la calle del pueblo o por los caminos cercanos. Se retiró de la ventana, y se fue para su casa.

El inspector no lograba que su mujer se callara con su Patasola. Ella se sentía respaldada por el interés con que los tipos la oían. Al fin se calló para recoger los platos vacíos y se fue a la cocina.

—Oigan, un momento, lo que hay que hacer es ir a la notaría del Tambo, a ver si es cierto que el viejo vendió el bosque. ¡Yo no creo!

—¿Entonces, le compramos al viejo?

—¡No, qué va, el pobre ya no se da cuenta de nada, el problema es el muchacho, hay que ver qué hacemos con él!

Uno de los tipos iba a proponer algo pero se interrumpió; entraba la mujer con los platos de mazamorra, y contando que el otro mes la Patasola se le había aparecido a un camionero varado cerca del crucero.

III

Ocho días después regresaron los de la camioneta. Desde el martes, Toño se había cuidado de no salir de su casa, de no dejarse ver, como para que el inspector creyera que se había ido al Patía donde su papá. Luis fue a visitarle cuando vió que llegaba la camioneta, y lo acompañó.

—Que mi papá les manda a decir que suban un poquito el precio, que sí les vende pero por un poquito más, y que no puede venir hasta el otro mes porque tiene que vacunar todo el ganado de la finca.

Los tipos se miraron como diciéndose algo y le dijeron que bueno, que esperaban a que viniera a negociar, que ellos iban a estar harto tiempo allí con la siembra de los pinos en los peladeros de arriba.

Al salir de la casa del inspector, Toño y Luis no sabían qué otra mentira inventarse para un mes después... A lo mejor el inspector o los mismos tipos hablaban con el abuelo y él sí les diría la verdad de que él era el dueño, y les vendería el bosque y lo tumbarían para llevarse toda la madera, y se acabaría el último bosque que quedaba allí.

Ese día aún estaban en vacaciones. Faltaban como tres días para comenzar las clases, y los dos resolvieron subir otra vez a ver si podían ver el mar. Tenían que caminar como dos horas para llegar a la punta de Lomalta. Toño iba atrás, pensando todo el rato en el bosque del abuelo sin conversarle nada a Luis. Bueno, siempre que trepaban lomas iban callados, o sólo hablaban cuando paraban a descansar. Pero esta vez no hablaban ni siquiera cuando paraban. Toño sólo quería pensar en el bosque. Paraba a cada rato era para agarrar alguna pajita o alguna hojita para chupar. Sobre todo le gustaba arrancar esas maticas de mentol que cuando están florecidas con esas flores como banderitas blancas, las raíces echan un olor lo más de rico, de confite de menta. Pero Luis, como siempre le gustaba llevar la contraria, decía que ese olor no era el de confite de menta sino del mentol, la pomada esa de untarse en el pecho para la gripa, por eso la matica se llamaba también mentol como la pomada.

Como cosa rara, Luis iba esta vez adelante. Cuando vio que Toño iba bien atrás y como subiendo sin ganas, se puso contento de que ahora sí le iba a ganar en algo distinto de aguantar resuello debajo del agua. Para que no se diera cuenta, se trepó la última parte también despacio y como buscando alguna cosa por entre la paja del suelo. Cuando vio que le faltaba poquitico y que Toño estaba bien retrasado, le gritó:

—¡A ver quién gana! ¡A ver quién es el más macho que llega primero!— y pegó la carrera... No se dio cuenta de que Toño levantaba los hombros casi sin mirar, como diciéndole que no le importaba.

—¡Gané! ¡Gané! —gritó saltando y levantando los puños. Pero cuando miró para el otro lado se quedó quieto, como embobado y diciendo pasito —¡El mar!... ¡El mar!... —y luego gritó:

—¡El mar, Toño! ¡El mar!

Entonces Toño sí se puso contento, pero a la vez como con rabia de que Luis veía de primero el mar, y ahí sí, se subió rapidísimo, tan rápido como las cabras esas cuando las sueltan por las mañanas a pastar y que se encaraman a las lomas peladas a brincos aunque abajo esté mejor el pasto yaraguá.

—¡El mar, Toño! ¡Yo lo vi primero! ¡Yo lo vi primero!

Cuando llegó Toño, respirando así, a golpes y todo sudado, se quedó con la boca abierta, callado, callado, pero respirando así de la carrera; Luis entonces se quedó también callado, respirando igual, y se quedaron quietos, como bobos, viendo el mar... O dos mares parecían; primero, abajo, el mar verde de la selva como encrespada o mejor como es la lana de las ovejas antes de trasquilarlas, toda toda encrespada y grandísima para la derecha, grandísima para la izquierda y para allá también grandísima, y allá lejos, lejos, una raya azul larga, larguísima, que no se acababa, como si fuera el borde rectico de una hoja de papel tan grande como el mundo entero. Y esa raya azul era como si se fuera mezclando de para arriba, poquito a poco con el cielo azul más clarito, sin una sola nube, todo el cielo limpiecito como recién lavado, como recién enjabonado con ese jabón azul que vendía don Pepe en la tienda.

Al rato se sentaron para seguir mirando más; ya se habían refrescado del calor de la subida, pues hacía un viento suave pero parejito, y hasta un poquito de frío. De pronto, Luis se levantó de un brinco.

—¡Mirá los barcos!

—¡Sí! ¡Cuatro, cinco, seis barcos!

Unas manchitas blancas se alcanzaban a ver sobre la raya azul..., pero se iban como subiendo...

—No, no son barcos Luis, fijáte bien. Son nubes como recién hechas...

—Sí, hombre, sí son barcos, ¿no ves que se ven así de lo lejos que están?

Se sentaron otra vez cuando vieron al fin que no eran barcos sino unas nubes sueltas que comenzaban a subir de la selva grandísima.

—Luis, ¿será que ésta es la selva del Amazonas?

—¡Bruto, qué va! ¿No ves que se le ve fin allá en la raya del mar? ¡Si la profesora dijo que a la selva del Amazonas no se le ve fin! Además, todo eso, todo, todo, es de aquí del Cauca, la parte occidental, acordáte del mapa que pintamos de tarea la otra vez.

Luis era el mejor de todos en geografía. Era hasta capaz de pintar de memoria el mapa de Colombia y el mapa del Cauca también. Pero viendo tantísima selva y tantísimos árboles que se veían abajo, pues le dijo a Toño que qué tanto que tumbaran el bosque del abuelo, para eso había harto más, hartísimo más, allí, al otro lado de la cordillera.

—¿Ah, sí? ¡Pues para que sepás, mi abuelo me contó que toda la vereda y todo desde el Tambo era selva así como ésta, cuando él vino pollito que era, como nosotros, hace como un siglo! Y fijáte lo que hay ahora, solo el pedacito del bosque de él. Además, fijáte, para allá, abajito del cerro Munchique, ¿sí ves? Como ya hay carretera, ya están tumbando selva, ¿sí ves? A lo mejor cuando seamos viejos como el abuelo toda esta selva grandísima hasta allá, hasta el mar, va a quedar igualitico que lo de acá, todo potreros y huertas, pero sobre todo peladeros y peladeros como los del tío Jacinto.

Cuando comenzaron a bajar de regreso, Toño le dijo a Luis que se fijara que del lado de acá estaba todo nublado, no se veía nada del volcán Puracé, ni del valle del Patía, ni siquiera la torre de la iglesia del Tambo. En cambio, la otra vez había sido al revés: del lado de acá ni una nube, y del lado del mar, nubes y más nubes.

—Entonces —dijo Luis—, cuando nos den ganas de ver el mar otra vez, pues subimos si hay nubes del lado de acá, ¿cierto? Las nubes yo creo que están como metidas en unos corrales altísimos de

montañas, como si fueran vacas y ganado. Cuando hay nubes en el corral de acá, quiere decir que no hay nubes en el corral que va hasta el mar, ¿cierto Toño?

IV

Luis volteaba a ver por encima del hombro a Toño, que como era el más grande de la clase, estaba en la última fila; se miraban y decían que sí con la cabeza a lo que iba diciendo la maestra: que hay partes en el mundo donde de tanto cortar los bosques se están secando las quebradas y los ríos, y todo se está volviendo desierto. Que en los países más ricos, como Estados Unidos, resiembran y arreglan los bosques con tanto cuidado como si fueran cafetales o eras de lechugas. Y que como en esos países necesitan hartísima madera para hacer muebles y casas y sobre todo para el papel de los periódicos, compran bosques enteros a otros países, como a Colombia, para no tener que tumbar los de ellos. Que en Colombia cada año tumban más de ochocientas mil hectáreas de bosques, la mayoría para vender a los gringos.

—Pero, profesora —interrumpió William, el hijo del inspector—, fíjese que aquí están sembrando todo lo de arriba con pinos...

—Sí, William, pero ¿sabe? contra ochocientas mil hectáreas que tumban en el año, sólo siembran diez mil en toda Colombia. ¡Ochenta veces menos! ¿Qué le parece? Mire aquí no más, a don Jacinto que vendió todo el bosque de arriba, el de la chorrera, solo van a sembrarle las partes planas, mucho menos de la cuarta parte.

—Y lo demás —dijo Toño— va a seguir desbarrancándose. Además, en un bosque de esos pinos no hay animales, ¿cierto, profesora?

La maestra contó entonces que los pinos con que hacen esos bosques sembrados, son de unas semillas traídas de Europa y de Estados Unidos, que en esos bosques de pinos no pueden vivir ni venados, ni ardillas, ni azulejos, ni flautines, ni mirlas, porque en medio de los pinos no puede darse todo lo que comen, el alimento de los animales del monte, como guayabas y arrayanes y mortiño y pepa de roble. Y lo peor, que los pinos secan la tierra, la vuelven estéril, pues la van cubriendo de una capa de pajita seca, seca y como untada de goma que mata cualquier semilla distinta.

—Profesora —interrumpió otra vez William—, y esos bosques que parecen un cuaderno cuadriculado, son sembrados en hileras, parejitos, lo más de aburridor para meterse por allí, yo vi uno así el otro día con mi papá en Calibío, si viera usted.

Toño le tosió de una manera especial a Luis, éste miró para atrás, y así comentaron con la mirada que William estaba ya de parte de ellos. Bueno, todos los alumnos estaban convencidos de lo que decía la profesora, y más todavía cuando el hijo del tío Jacinto les contó en el recreo, a varios en un corrillo, que en la televisión de su papá, el domingo último, había visto una película lo más de buena sobre eso, sobre los bosques y la erosión y los animales y los ríos y los desiertos que cada vez son más grandes y más grandes.

V

William, el hijo del inspector, se había vuelto más amigo de Toño y Luis desde ese día cuando fueron a ver lo que quedó del bosque del tío Jacinto. Pero a pesar de lo amigos, no le decían palabra de lo del abuelo, ni de los tipos que estuvieron preguntando por el bosque, ni de la mentira que les había dicho Toño. Era por mejor, pues los tipos esos que ahora estaban dedicados a sembrar pinos allá arriba, le habían contratado a la mamá de William comida y dormida en una pieza de atrás de la cocina, allí en la casa del inspector.

Ya habían pasado como tres meses desde que Toño les había dicho que su papá vendría un mes después a hacer el negocio. Como ni el inspector ni los tipos habían hablado otra vez de la cosa, pensó que ya no les interesaba.

Ese día la profesora, como tenía que irse al Tambo, les dio libre, y desde temprano se fueron los tres: William, Toño y Luis, al bosque, donde se unían las dos cañadas que formaba una cascada de lo más linda, por encima de una peña enorme. William les había propuesto que se metieran por detrás de la cascada, y con un barretón y una pala trataran de hacer como una cueva que quedara escondida por la cortina de agua. Pero cuando llegaron al sitio resolvieron que no se meterían todavía, porque no había casi sol y la mañana estaba muy fría.

Toño quería desquitarse de William por lo de los cinco piques seguidos con los trompos la víspera, y le dijo:

—A que no sos capaz de seguirme, nos subimos por este roble, y allá arriba, fijáte, preciso encima de la cascada, nos columpiamos de esa rama hasta la del guayacán ese y nos bajamos por el otro lado, a ver, ¿vos sos tan macho? Si querés yo voy adelante, para que veas que sí hay cómo, y yo voy tanteando las ramas, yo peso más, así que podés pasar tranquilo detrás, que con menos peso no se van a quebrar. A ver, ¿le jalás, William?

William le dijo que por qué no le decía también a Luis.

—¡Qué va, para qué! ¡Si Luis es una gallina clueca! No se sube ni a un asiento.

Luis se hizo el sordo, pero le dio mucha rabia. Pensó que luego se desquitaría, cuando se bañaran, entonces sí, otra vez a ver el que más aguante resuello bajo el agua. Mientras Toño y William se subían al roble, él se puso a buscar en la hojarasca a la orilla de la quebrada, unas ranitas chiquiticas, ésas de lomo como dorado. En una flor de cartucho metió la primera ranita.

Eran muy raras, al respirar, cuando inflaban la panza de aire, la piel les brillaba en el lomo como si fuera puro oro, como la campanita de oro del monaguillo de la misa. Estaba a punto de coger otra escondida en medio de un tronco podrido, cuando se quedó quieto... quieto... ¡Era una enorme mariposa de esas azules! ¡De azul como papel de chocolatín, tornasol! Se había posado allí. ¡A medio metro de su mano!

Eran tan ariscas que nunca se dejaban coger. La profesora les había dicho que se llamaban mariposas de Muzo, porque allá cerca de Bogotá, en las minas de esmeraldas, había muchas. Luis creyó al principio que donde aparecía una mariposa de esas, de Muzo, era que había una esmeralda escondida por allí cerca. Cuando le contó a Toño eso, se le burló como dos días enteritos.

Bueno, allí estaba... No tenía que moverse para cogerla, sólo estirar un poco el brazo, así, así, despacito, ya, ya casi... ¡Oh, se fue! Soltó el cartucho con la ranita dorada, y trató de seguir a la mariposa. Con su vuelo incierto en medio de las enredaderas, en medio de las hojas de rabo de zorro, en medio del helecho macho, se le perdía y se le aparecía más allá. Siguiéndola, brincó sobre una piedra toda

cubierta de musgo y... ¡se resbaló hasta el agua! Medio enterrado en el pantanito de la orilla, se quedó como lelo: ¡la mariposa de Muzo se había metido por en medio del agua, detrás de la cascada!

—¡Toño! ¡Avispas! ¡Avispas! —Gritó allá arriba William.

Luis como que se despertó con la alarma de William. El pobre estaba en una rama altísima del roble, y con una mano se espantaba una nube de avispas.

—¡Se va a caer! —le gritó Luis a Toño, pero éste se reía a carcajadas.

—Bruto, ¿de qué es la risa?

Toño, ya en las ramas del guayacán, al otro lado, se reía de ver el susto de William espantándose las avispas y de Luis allá abajo, sentado en el pantano de la orilla. No le importaban las avispas, si eran abejas angelitas de esas chiquiticas ama-rillas que no pican, que sólo se enredan en el pelo. Y como William lo tenía así, crespo, crespo, pues se le enredaban más y más se palmoteaba la cabeza.

William sí era bueno como Toño para trepar árboles. Por eso, luego del susto de las angelitas, trató de pasarse al guayacán, pero no pudo... Era que Toño con su peso había descolgado demasiado la rama del guayacán y William no la alcanzaba a agarrar. No era que la hubiera quebrado, el guayacán es durísimo, sino eso, que había quedado más baja. Toño le aceptó la disculpa a William y le dijo que bueno, que entonces se bajara por el roble antes de que contara hasta veinte, pero William le dijo que no se bajaba aún, que quería ver si podía coger el panal de las angelitas. Al fin dijo que no, no tenía como espantarlas, si tuviera unas flores de borrachera de esas que espantan insectos, pero allí en esa cañada no había flores de borrachera.

—¡Toño, mirá! ¡Una mariposa de Muzo se metió ahorita por la cascada! —gritó abajo Luis.

—¿Sí? No digás, ¿no será que hay esmeraldas allí?

William alcanzó a oír el chiste de Toño y le dio un ataque de risa, todavía subido en el roble. Luis se puso rojo de la rabia y agarró una manotada de barro del pantano en que se había caído y se lo echó a Toño, al otro lado de la quebrada, pero apenas alcanzó a ensuciarle un lado del pantalón.

William se había sentado en una rama alta, a reírse, y de pronto se calló... y dijo como pasito:

—¡Toño! ¡Hay tres tipos allá abajo! ¡Vení a ver!

Como un mico, Toño se subió rapidísimo otra vez al guayacán, y los vió allá lejos, y alcanzó a distinguir a uno de los tipos de la camioneta, pero no comentó esto...

—¡Silencio! —ordenó—. ¡Quédense aquí! ¡Voy a ver, quietos, que no los vean!

Llegó abajo, se escondió en medio de un arrayán, a unos quince pasos de los tipos. Si, era uno de ellos, el de bigote, con dos peones, estaba poniendo marcas como números a los árboles más gruesos, con una pintura blanca y una brochita. Tenía una libreta en la mano y miraba hacia arriba a cada árbol, preguntaba el nombre a los peones —si era naranjillo o cedro o comino o roble—, y luego apuntaba algo.

Toño respiraba a golpes... ¡El abuelo vendió el bosque...! ¿Por qué no le había contado...? Se quedó allí, quieto, escondido en medio de las ramas del arrayán, un buen rato, hasta que ya no pudo ver más a los tipos; iban quebrada abajo. Se acercó a un árbol a ver la señal, era una letra como S y el número 24. ¿Qué sería...? Regresó a la cascada, los dos amigos se habían desvestido y estaban tratando de subirse a la peña por detrás de la caída de agua. A Toño le pareció que era mejor no hablar nada si estaba William allí, luego, aparte, le contaría a Luis.

—¡Luis, William! ¿Están buscando la esmeralda de la mariposa? —gritó— mientras se desvestía, pero no le oyeron, el ruido de la cascada era durísimo.

Al fin lograron los tres meterse por detrás... ¡Qué maravilla! ¡No había que excavar nada, era una cueva de verdad! ¡Cabían los tres de pie!

—¡Lo que hace falta es un machete! — gritó Toño, pero ni él se oía por el ruido del agua.

Hizo señas con las manos indicando algo para cortar la maleza, para limpiar la cueva. Con gestos, Luis indicó que iba a traer su cuchillo cachicuerno, pero lo que quería era salir para hablar con Toño. Salieron los dos, y ya en la orilla hablaron de los tipos y de la marcada de los árboles.

—¡Tenemos que espiarlos! ¡Tenemos que decirle a William para que los espíe en su casa! —dijo Toño alarmado.

—Preguntále a tu abuelo si vendió el bosque. ¡Yo creo que lo está negociando, y los tipos están viendo a ver cuánta madera fina tiene!

—¡No, yo creo que no han hablado nada con mi abuelo! Él me lo cuenta todo, o la abuela me hubiera contado de haberlos visto hablando con él... Mirá, Luis, mejor no le vas a decir nada a William, es peligroso, no es que nos vaya a traicionar, el es de ley, sino que de pronto se le sale algo, y se da cuenta su papá el inspector, y le avisa a los tipos, y se nos daña todo.

—¿Y qué es lo que vamos a hacer? ¿Qué es lo que se daña? ¿Si no sabemos qué hacer? —preguntó Luis moviendo las manos, nervioso.

—Sí, no sabemos, pero vamos a espiar

a los tipos. ¡Y voy a ver cómo es la cosa con mi abuelo sin que se dé cuenta!

William se asomó por en medio de la cascada haciéndoles señas. Aunque hacía ya un calor como para bañarse bien largo, Toño y Luis hubieran querido irse a ver qué hacían, pero resolvieron disimular más con William y se metieron otra vez por detrás de la cascada llevando el cuchillo cachicuerno y un palo delgado y duro para arreglar la cueva. Era tan raro eso adentro, y el ruido del agua y la luz del sol toda cortada en tiritas por la chorrera, y que no podían hablarse sino por señas, y el tamaño de la cueva toda forradita de musgo, que parecía como esa tela peludita del joyero que el tío Jacinto le había regalado a la hija, cuando se le casó el otro mes. Y no se veía cómo era que se sostenía la peña, y lo más raro, ¡no chispeaba ni una sola gota para adentro! Lo mojado que había era por una grieta al lado derecho, por donde chorreaba un poquito de agua. Encontraron unas parásitas con unas flores como rosadas, pero como infladas de aire y con unos

estambres o pistilos negros. Sí, ¡qué raras!
Cogieron unas para llevarlas a la escuela
a ver si la maestra sabía como se llamaban,
a ver si las conocía o a ver si estaban re-
tratadas en uno de esos almanaques tan
bonitos que les había mostrado el otro día.
Luis decía que lo más raro eran los
estambres negros, negros como carbón de
roble.

VI

—¿Abuelo, usted no ha pensado vender el bosque?

—¿Que si no he pensado? ¿Cree mijo que me sirve de algo? ¿Pero a quién se lo vendo?

—Pues fíjese que el tío Jacinto vendió hace tiempos el de arriba.

—Sí, pero el mío es abajo, de la carretera, y así no hay cómo sacar la madera, nadie lo va a comprar así.

Era suficiente con esto para que Toño comprendiera que el abuelo no había negociado el bosque. De todas maneras conversó con la abuela, a ver si alguien que no fuera del pueblo había estado hablándoles del bosque. Pero tampoco.

¡Sí, los tipos esos de la camioneta y el inspector se lo iban a robar! ¡Iban a cortar toda la madera, y no había a quién poner el denuncio! Si el inspector de policía era la única autoridad y estaba de parte de los ladrones! ¿Qué haría? ¿La maestra le ayudaría? ¿Pero la maestra qué podía hacer? Seguro nada, por no disgustarse con el inspector. Y ¿si le contara a don Pepe? ¿Al tío Jacinto? ¿O al cura cuando viniera el otro domingo a la misa en la capilla? ¡No! ¡Al abuelo debía contarle! Que si querían el bosque, se lo pagaran al menos, pero que no fuera robado, aunque se acabara el último bosque que quedaba por allí...

No pudo casi dormir en toda la noche. Pensó, por último, que lo que debía hacer era irse rápido al Patía a llamar a su papá, para eso estaban allí debajo del colchón los dos mil pesos que le habían dado los tipos esos al principio. Sí, para eso los tenía allí, siempre pensó que esa plata era como sagrada, que era para usarla solo en algo para el bosque, ni a Luis le había contado...

Al otro día muy temprano, fue corriendo a la casa de Luis, antes de que se fuera a la escuela. Toño no pensaba ir a clases pero tenía que hablar antes con Luis. Cuando iba llegando, vio que William estaba en la puerta hablando con Luis. ¿Sería que Luis le dijo algo? Corrió hasta ellos.

—¿Qué fue, qué pasó?

¡William estaba ayudándoles! Desde que vió él de primero al tipo del bigote con los dos peones, allá en la quebrada, encaramado en el roble, había entendido todo. ¡Sí, había entendido todo! Y había entendido también la preocupación de Toño, y el poco interés que ponían en lo de la cascada, y había entendido por qué su papá hablaba siempre a solas con los tipos, y por qué lo hacían salir antes, y por qué ni a su mamá la dejaba quedarse oyendo. ¡Pero él espiaba todo! ¡Sí, William estaba con ellos! Y les contó ésto:

—Entonces me subí al techo de la cocina y por allí hasta el techo de la pieza donde duermen, y me quedé allí quietico, a ratos quería toser del humo que subía de la cocina, pero me aguantaba, no me fueran a pillar. Al rato llegó uno, no el del bigote, el otro, el tuso, y se puso a mirar la libretica esa y yo lo veía cómo se reía callado. No más entró el otro, Alfredo se llama, el que vimos allá abajo con los dos peones, el Tuso le dijo que como que habían engañado al inspector también. ¡Qué tal! ¡Que engañar a mi papá! Y le dicen a cada rato compadre, y le dicen que él es un hombre así de ley, y que son muy amigos, qué tal, y por detrás lo están engañando. Bueno, y el Tuso hablaba que había el doble por lo menos de árboles finos. Pero el otro le dijo que mejor mañana hablaban de eso, que oyera primero lo que uno de los peones le había contado de la Patasola.

Toño no dejó que William les hablara de eso, era una historia muy conocida, todos en la vereda lo sabían, y hasta en el Tambo la sabían.

La Patasola era el alma de don Hermógenes, uno de los primeros colonos que habían llegado allí, hace como 100 años. Otro colono lo había atacado una noche para matarlo y quedarse con el único potrero donde pastaban hartos animales, vacas y mulas y caballos, porque todo lo demás era puro bosque.

Don Hermógenes había logrado defenderse pero había quedado mal herido de la pierna derecha, tanto que se le fue pudriendo poco a poco y los vecinos al fin tuvieron que cortársela para que no se pudriera todito. Pero se enfermó más y al fin se murió, como al año. El colono que lo atacó, al fin se quedó con el potrero y con todo lo que tenía don Hermógenes, y tuvo una cantidad de hijos, y se trajo más parientes para acá y negociaba con todo el mundo porque hizo mucha plata. Entonces el alma de don Hermógenes se aparece a la gente si son hijos o nietos del colono malo o a la gente que está haciendo o pensando un robo... Y se aparece como un ánima del purgatorio, con una sábana grande y brincando en una sola pata. Por eso es que se llama así, la Patasola... Así era como en la vereda contaban el cuento.

—¡Pero si vieras Toño las caras de los dos tipos, sobre todo el de bigote! Yo sí oí que anoche mi mamá les contaba más de la Patasola. El Tuso no es miedoso, quería que apagaran la vela para dormir, pero el otro quería dormir con la vela prendida, al fin dijo que bueno, pero alistó un cuchillo grandote y lo puso debajo de la almohada y llamó a mi mamá y le pidió un escapulario, y ella se lo quitó del cuello y entonces él cerró y lo puso en la puerta encima de la tranca. Ahí si apagó la vela y el Tuso le dijo al otro que se callara ya, que tenía sueño. Entonces yo que estaba así todo acurrucado encima en el techo, pues comencé a moverme para bajarme por el hueco de la cocina, y como que hice algún ruido porque Alfredo dijo:

—¡Oí, Tuso, esos ruidos!

Yo me quedé como estatua otra vez, no sabía qué hacer, ¡qué tal con ese cuchillo que habían alistado! Lueguito fue que se me ocurrió, hice miau, miau..., como gato, y entonces así, haciendo miau como los gatos, me fui arrastrando hasta encima de la cocina y al fin me pude salir...

—Bueno, William, la Patasola no nos importa, ¿cómo hacemos para saber qué es lo que van a hacer? Han engañado a tu papá en lo de los árboles finos, ¿pero qué más?

—¡Pues no más! ¡A mi papá como que le van a dar una plata, y ellos van a cortar el bosque de tu abuelo y estuvo todo!

—A ver, William, cuando vayan a almorzar a ver si los oís hablar con tu papá, ¡no sé cómo es que van a hacer! —dijo Toño preocupado, y como despidiéndose.

Después del almuerzo William se fue corriendo a buscar a Toño. No lo encontró; fue donde Luis, pero tampoco estaba con él. Pensaron que se había ido al Patía a avisarle a su papá.

—Siquiera se fue, si mi papá como que quería agarrarlo y guardarlo —dijo William.

—Qué va, ¿cómo sabés? —preguntó Luis.

—Pues sí. Cuando llegué a almorzar, mi

mamá estaba en una gritería con él, se callaron algo cuando entré, pero todavía mi mamá le decía que no tenía porque agarrar a Toño, que no había hecho nada malo, y mi papá le decía que él era la autoridad en la vereda y que él sabía lo que hacía y que ella no se metiera en su trabajo de inspector.

—William, y ¿no será que ya lo agarró?

—No, qué va, no creo. ¿Dónde lo puede guardar si no es en la casa? ¡Yo me hubiera dado cuenta!

Luis no dijo más, pero se quedó muy asustado cuando William se fue a la escuela. Una vez había oído que el inspector dizque había estado en la cárcel por un crimen hace tiempos... ¿Le pasaría algo a Toño?

VII

Las dos sierras de motor tapaban todos los ruidos del monte. El Tuso manejaba la más grande mientras cortaba el comienzo del tronco, luego se la pasaba al peón, pero no se le quitaba del lado. El de bigotico iba recortando con la sierra pequeña las ramas gruesas de los árboles ya caídos y el otro peón con un machete desmontaba a los lados para que se pudiera arrimar con la sierra. Diez árboles enormes habían tumbado. Ya era tarde, estaba oscureciendo. Bueno, en el bosque siempre parecía que era más tarde, tan espeso era.

Habían tumbado ya tres cedros, tres cominos del crespo, y cuatro nogales; iban a tumbar sólo la madera fina, para subirla a la carretera con el tractor que tenían arriba en los pinos. La otra madera, los robles y lo demás lo sacarían en trozos, a lomo de mula, cuando acabaran con la finca.

Con las sierras ya apagadas, los dos tipos se sentaron a descansar, mientras los peones seguían y seguían desmontando a los lados del último árbol tumbado. Se oían los golpes del machete, como cortando en pedacitos los ruidos del bosque; el ruido lejos de la quebrada, las ranas, los grillos, el flautín que a esa hora cantaba más. Pero los dos tipos no oían nada de eso, sólo les seguía en los oídos el zumbido de las sierras, aunque hace rato las habían apagado.

—Con un solo palo de éstos tenemos para el inspector. Hasta más de veinte mil pesos le podemos dar con uno.

—¿Y qué creés que va a hacer con el muchacho?

—No sé —me dijo hoy temprano que tranquilo, que él sabía qué hacer...

El Tuso abrió la cantimplora para tomarse el último trago de cerveza, así tibia como estaba y al levantar la cabeza para beber... se le heló la sangre... ¡La Patasola! ¡Allí está!... ¡Allí!

—¡La Patasola! —dice pasito, como sin voz...

—¡Sí, Tuso, la Patasola... sí! ¡La veo!... No pueden moverse del susto; a unos veinte metros, el ánima de don Hermógenes, blanca, blanca, da un brinco, se queda quieta, mueve los brazos, otro brinco. ¡Se les va acercando...!

—¡La Patasola! —grita un peón. ¡Salen corriendo los dos peones! Para el otro lado huyen Alfredo y el Tuso, tropezándose, empujándose, la cantimplora por el suelo, la libreta, las sierras, los machetes, todo lo dejan, huyen aterrados, los peones para un lado, los dos tipos hacia arriba y la Patasola los sigue, a brinquitos, moviendo los brazos...

VIII

—No, compadres —decía el inspector—, yo nunca he creído en eso, son cuentos de mujeres, seguro fue que se les subió la cerveza, y los peones de brutos y miedosos o para no seguir trabando pues salieron corriendo detrás de ustedes. ¡Vivos que son!

—¡Pero si la vimos los dos! ¡Así, cerquitica, blanca, y dando brincos así, con una sola pata! ¡Con un poquito de cerveza qué íbamos a estar borrachos! ¿Cierto, Tuso?

El inspector no creía en eso, pero Josefa, su mujer, oía atentísima lo que contaban el Tuso y Alfredo. Les duraba todavía tanto el susto, que no probaban la comida.

—Vamos donde don Pepe, y se toman unos aguardientes, a ver que se les pase el susto. Unos cinco tragos bien dobles. ¡A ver si borrachos se pueden dormir!

El Tuso y Alfredo no quisieron salir hasta que el inspector les aseguró y les juró por Dios bendito que al otro día los acompañaba llevando el revólver.

—Pero voy por la tarde, después de las cuatro; yo nunca he oído que un ánima salga de día, ¿cierto, Josefa? —dijo como burlándose.

Los dos tipos dijeron que bueno, que fuera aunque fuera tardecito, pero que ellos saldrían al camino a esperarlo a esa hora. De todas maneras preguntaron que si no podían conseguir otra arma para no estar desarmados todo el día, pero no, allí en la vereda sólo el inspector tenía arma, la vereda era siempre muy sana, ni robos de ganado, nada pasaba, nadie necesitaba armas en el Asomadero.

Salieron los dos con el inspector a tomarse los aguardientes. Josefa dejó los platos medio llenos de comida sobre la mesa y se fue donde la vecina a contarle lo que les había pasado a los tipos.

Por un agujero del techo aparecieron colgando dos piernas...

—¡Rápido! ¡Apurále, de pronto regresa tu mamá!

William saltó sobre la cama, y ayudó a Luis a descolgarse del techo. Siempre era tan flojo para treparse o saltar de cualquier parte.

—¡Soltáte, que caés en el colchón, nada te pasa, hombre!

Al fin se soltó Luis, medio tendieron la colcha de la cama y salieron. Vieron a los dos tipos y al inspector que hablaban en la puerta de don Pepe, otras tres personas se les habían acercado. William adelante, Luis detrás, y ambos con las manos en los bolsillos como para disimular, se fueron caminando hasta la esquina de la capilla, a la vuelta.

—¡Yo tampoco creo eso de la Patasola, Luis, esos son cuentos de mujeres, o tal vez es Toño que los asustó así, disfrazado!

—¡Qué va, hombre!, si Toño se fue al Patía; eso es verdad, es el ánima de don Hermógenes. ¿No ves que siempre asusta es a la gente mala?

Pero William era en eso igualito a su papá el inspector. Se burlaba de esas cosas de las ánimas y quería ahora convencer a Luis de que era que Toño seguro se había escondido hasta de ellos para asustar a los tipos, para eso eran bien miedosos.

—Mirá, a mí no me meten ese cuento de la Patasola. Mañana a las cuatro vamos allá al camino, y nos escondemos por allí y seguimos a los tipos cuando salgan a esperar a mi papá que los va a acompañar con el revólver, y los seguimos de lejitos al bosque y verás que no es nada.

—Andá vos, a mí sí me da miedo...

—Bueno, Luis, ya verás...

—William, ¿y si la Patasola es Toño disfrazado como vos decís? ¡Tu papá lo va a matar con el revólver cuando se le aparezca!

¡Eso sí estaba muy grave! Primero que todo había que saber si Toño era el que se había disfrazado de la Patasola, o era que se había ido al Patía. Y si era él, ¡había que avisarle, que no se disfrazara más porque le podían pegar un tiro! Entonces, resolvieron ir donde el abuelo, aunque ya estaba de noche, a ver si estaba Toño o si daban razón de él. A Luis no le gustó eso de ir a esas horas allá porque la casa era cerquita del camposanto. Antes, cualquier otra noche, nunca le había dado miedo ir donde Toño a esas horas, pero ahora sí. Al voltear por detrás de la capilla, Luis vió luz todavía en la casa de don Jacinto, y como era tío de Toño, le dijo a William que mejor fueran a preguntarle si no lo habían visto.

—Ayer tarde estaba esperando el bus en el crucero cuando yo regresaba del Tambo con la remesa.

—¿Y no le dijo para dónde se iba?

—Pues como que iba a decirme algo, pero no, sólo nos saludamos.

—¿Si ves, William? ¡Que él no es la Patasola!

Claro, don Jacinto no entendió qué era lo que estaban pensando los muchachos y les dijo que se fueran a dormir que ya era muy de noche, y les cerró la puerta, como bravo. Entonces William le dijo a Luis que fueran de todas maneras a ver si Toño había regresado.

—En un día qué creés, ¿que va a ir hasta el Patía y regresar al otro día? Andá vos si querés, yo me voy a mi casa. ¡Y andá vos solo mañana a espiar a tu papá con los tipos, yo sí no voy, verás que le disparan a la Patasola, y como es un ánima y las ánimas son las almas del Purgatorio, pues no le pasa nada! ¿Pero, sabés? Yo creo que vos ni la vas a ver porque sólo asusta a la gente mala... o no, a lo mejor sí, pues seguro que ella sabe que vos sos hijo de tu papá, y como tu papá es de los malos, pues yo sí como que creo que se va a dejar que la veás también. Seguro, William. ¡Y entonces sí vas a creer en las ánimas y tu papá también va a creer al fin!

Cuando se separaron, a William le entró un poco de miedo: lo que con Luis habían estado oyendo, escondidos en el techo, lo que contaban los dos tipos de la Patasola... ¡Pues de pronto como que sí podía ser verdad! Seguro que no era Toño. ¡Si estaba en el Patía! ¡A lo mejor sí era verdad lo de la Patasola...!

William pensaba que su papá iba a dejar metidos a los tipos, pues ya eran más de las cuatro y no aparecían. Escondido entre unos matorrales de mortiño, al lado del camino, veía muy bien, más adelante, a Alfredo y al Tuso, que desde hace rato habían subido del bosque a esperarlo. Los dos tipos conversaban:

—Si no viene, yo no me bajo otra vez; ya dentro de un rato va a ser la hora en que la vimos ayer.

—Y seguro estos peones, encima de que tuvimos que ofrecerles el doble, han de estar sentados haciendo nada. Y si no viene el inspector no se les ocurre subir las sierras, y se nos quedan otra noche al sereno, porque yo tampoco me bajo así desarmado a recogerlas.

Abajo, en el bosque, Toño estaba escondido en medio de las ramazones de uno de los cedros recién tumbados y miraba a los dos peones, a unos veinte pasos de él, sentados, conversando. No eran los mismos que había asustado ayer, a lo mejor ésos no habían querido regresar. Tenía la sábana enrollada y envuelta en una pollera que le había sacado del baúl a la abuela, porque una sábana de ánima del purgatorio debía estar muy limpia. Como ayer tarde se le había ensuciado algo cuando regresaba riéndose del susto que les había metido a los tipos y a los peones, por la mañana temprano aprovechó que la abuela estaba visitando a una comadre enferma, y le sacó la pollera del baúl, y hasta calentó la plancha de carbón para alisar la sábana y quitarle los dobleces que tenía. En el almacén del Tambo se ve que la tenían doblada así con una cantidad de cortes de tela encima, por eso estaba con esos dobleces tan marcados. Y lo de buenas que había estado, con los dos mil pesos le había alcanzado preciso para el bus y para la sábana. Pero cuando se encontró con el tío Jacinto en el crucero esperando el bus, casi le pide plata por si no le alcanzaba, pero al fin no le había pedido nada. ¡Si supieran los tipos para qué le había servido la plata que le habían dado hace tres meses! Se sonreía recordando todo. Le pareció raro que no se oyera ni un flautín, era la hora en que más cantaban, pero se acordó enseguida de que los flautines sólo cantaban donde había robles, y en esa parte del bosque no había robles. Solo había cedros, naranjillos y nogales, y de esos árboles era que estaban tumbando los tipos. Desde ayer llevaban tumbados ya como quince.

Cómo sufría escondido entre los matorrales de raque cuando el ruido de la sierra de motor se callaba y el Tuso gritaba: —¡Allí va! ¡Cuidado!, —y otro árbol enorme comenzaba a ladearse, sonando así como un aguacero, y como apoyándose en los árboles vecinos que con las ramas querían sostenerlo, como si fueran brazos de amigos, y los pájaros grandes y los pájaros chiquitos que salían espantados volando para todas partes sin saber para dónde irse, y los niditos con huevitos de colores o con huevitos pecosos o con pajaritos recién nacidos que seguro se espichaban con las ramas quebradas o que se volcaban desde altísimo, y las ardillas grandes y las ardillas chiquitas que no alcanzaban a escapar. Y pensaba hasta en las orquídeas y en las alchupayas y los toritos y las parásitas y hasta en el musgo tiernito de la parte de abajo donde habían hecho el corte parejo con la sierra de motor. Y miraba la ramazón toda enredada y toda al revés y pensaba que a lo mejor allí debajo estaba la cueva del venado cariblanco que se había venido para acá luego de que tumbaron el bosque del tío Jacinto, y que nunca pudieron encontrar con Luis en las vacaciones, cuando se recorrieron las tres cañadas enteritas buscándole la pista.

Pero estaba seguro que con el nuevo susto de hoy, los tipos esos iban a irse y a olvidarse del bosque. Entonces se iría al Patía a llamar a su papá para ver cómo subir al camino los quince árboles cortados. Valía la pena que viniera, nunca había pensado que un palo de madera fina valiera tanta plata; seguro que los tipos en eso decían la verdad ayer, cuando los oía antes de asustarlos por la tarde.

"Y con esa plata pues mi abuelo puede acabar de vivir tranquilo, y mi papá seguro que gana más acá con el bosque que allá con ese calorón del Patía, y hasta fiebres les van a dar a mis hermanos..."

Toño pensaba así, esperando que bajaran los tipos y se acordaba que en el Tambo, cuando fue a comprar la sábana había leído un cartel en la Caja Agraria: que prestaban plata y mandaban unos técnicos para enseñar a tumbar bien un bosque sin que se volviera un peladero seco como el del tío Jacinto.

De pronto, unas voces... ¡El inspector con los tipos!

—Pero Tuso, ¡qué buenos palos! Yo creo que hay más de los que me dijo, y son de madera fina, ¿no dizque eran sólo de roble?

Toño se quedó quieto, aguantando la respiración, apretando la sábana contra el pecho... ¡Por poquito lo ven! El inspector iba adelante, los dos tipos atrás. Pero Toño no alcanzó a ver el revólver porque lo tenía en la cartuchera, al lado derecho...

"Y cuando los asuste ahora y salgan corriendo seguro que dejan las sierras botadas otra vez como ayer, entonces sí me las cojo y me las llevo a la casa, y después le van a servir a mi papá cuando venga, si es que no las vendo bien caras y le doy la mitad al abuelo". Esto pensaba Toño, quietico, escondido, mientras el inspector y los tipos seguían hasta donde estaban los peones. "Y el inspector ahora sí va a creer en la Patasola y le va a dar la razón a su mujer, que sí es verdad lo del ánima de don Hermógenes que asusta a la gente mala" —y se reía por dentro, mientras se acomodaba la sábana—. ¡Lástima que tuvo que abrirle dos huecos para los ojos! Le hubiera gustado rega-lársela bien dobladita y sin rotos a la abuela después. No, mejor se la guardaba a su mamá, cuando viniera con su papá y con sus hermanitos del Patía. Su mamá le bordaría unos claveles en el sitio de los huecos para disimular los remiendos... Ahora no se amarró la pierna izquierda como la víspera. ¡Esa vez casi pierde el equilibrio dando esos brinquitos, y una Patasola caída hubiera sido muy chistoso y se hubiera dañado todo! Mejor había alistado un palo como bastón, un ánima coja con un bastón para apoyarse estaba bien. La pierna la levantaría un poquito, de todas maneras le quedaba tapada con la sábana que era bien larga.

Se puso la mano en la oreja para oír mejor. No encendían todavía las sierras, a lo mejor ya no las iban a encender porque ya era tarde. A esa hora el bosque sonaba con más ruidos que en todo el día; y además, el golpe del machete de los peones..., casi no oía bien, pero sí que hablaban de él, el inspector era el que hablaba:

—Y si regresa con el papá del Patía, pues los agarro y los guardo a los dos, para eso yo soy la autoridad, y aquí todos saben que yo soy bien macho, bien bragado —y le daba palmaditas al revólver en su cartuchera.

El Tuso fue el primero que la vió. Sin gritar, como aguantándose el susto, le dice al inspector:

—¡Mírela, mírela, vea que es cierto!

Entonces los peones gritan de primeros y salen corriendo, y el inspector muy resuelto y sin asustarse nada, saca el revólver, apunta bien apoyado en un árbol, y agarrando el revólver con las dos manos, dispara...

—¡Es un ánima! ¡No le hacen nada las balas!

—¡Bruto! ¡Fue que no le pegué!

Se escupe en la mano derecha, otra vez apunta bien, se le acerca primero unos cinco pasos, así le queda más cerca, y dispara... ¡Pero la Patasola sigue avanzando! ¡Dando brincos y con un bastón y moviendo los brazos!

—¡Maldita del diablo! —grita el inspec-

tor y le dispara dos tiros más, uno y otro seguiditos. Pero como la Patasola sigue caminando y no le hacen nada los disparos, entonces sí se llena de miedo, hartísimo miedo, y se agarra a correr para arriba. Los dos tipos escondidos detrás del tronco salen corriendo adelante del inspector y así llegan en un santiamén al camino, arriba. ¡Entonces casi se tropiezan de frente con la Patasola! ¡Sí, la Patasola otra vez! ¡Arriba, en el camino! El inspector aterrado le dispara bien de cerquita los dos tiros que le quedan en el revólver, y como tampoco le hace nada, lo tira para atrás y sigue corriendo, corriendo, sin voltear a ver, y los dos tipos también corriendo rapidísimo a los dos lados...

Al ratico salió Luis muerto de la risa, mientras William se quitaba la sábana y le decía que esta otra Patasola estaban muy pobre con esa sábana vieja con remiendos rosados, y luego llegó Toño con su sábana bien envuelta en la pollera de la abuela, y colgada al hombro una de las sierras de motor, la más grande. La escondieron por allí en un rastrojo y se bajaron a recoger la otra y los machetes de los peones antes de que anocheciera, y muertos de la risa iban comentando todo. Toño sólo quería hablar de que iba a hacer venir a su papá, y lo de la plata que le iban a prestar en la Caja Agraria y lo del técnico para cortar bien el bosque, y lo del semillero que quería hacer para sembrar otros árboles donde habían alcanzado a tumbar los finos. Los tres querían hablar a la vez, pero sobre todo William quería contar otra vez cómo era que le había cambiando a su papá las balas del revólver por balas de fogueo.

Había sido enseguida del almuerzo: sus papás se habían quedado discutiendo, Josefa decía que era un sacrilegio que le fuera a disparar al ánima de don Hermógenes, que quién sabe qué pasaba si la mataba, que cómo sería el entierro de un ánima, pero el inspector le decía que él ni de vainas creía en la Patasola; que el revólver era sólo para convencer al Tuso y a Alfredo de que eran visiones lo de la víspera. Mientras discutían esto, William se había metido a la pieza... El revólver ya estaba encima del cajón y las balas amontonaditas al lado... Entonces abrió el baúl grande, sacó la caja de las balas de fogueo, cogió seis, las cambió por las otras y cuando se estaba echando las de verdad al bolsillo, entró el inspector...

—¿Qué hace, mijo? ¿Por qué no se va a la escuela?

—Estaba viendo el revólver. ¿Qué va a hacer?

—¡No se meta! ¡Váyase a la escuela!

William pensó que su papá iba a ver el bulto de las balas de verdad en el pantalón, pero no, no se dió cuenta, y salió así con las manos en el bolsillo como para disimular, y apretándolas para que no se fueran a golpear una con otra y de pronto estallaran.

—¡Mijo, acompañe a su papá al bosque ahora a las cuatro, me da miedo que vaya a matar a la Patasola!

—Qué va, mamá, eso no es cierto, déjelo que es para que no les de miedo al Tuso y al otro...

Y se fue como para la escuela, pero se metió por una huerta del lado, y regresó a su casa por atrás, por el lado del aljibe. Josefa seguía diciendo cosas. Se asomó por una rendijita de la ventana y vio que su papá estaba colocando la última bala en el tambor del revólver. Entonces sí se quedó tranquilo. Había pensado que de pronto se daba cuenta del cambio, pero no había notado nada. En seguidita fue que se le ocurrió coger una sábana y disfrazarse también de Patasola para asustar a los dos tipos. Pero más quería asustar a su papá, a ver si por miedo a las ánimas dejaba de meterse con gente mala.

—¡Y si vieran —decía Luis— la cara de los tres! Yo los vi allí escondido, cuando encontraron otra vez a la Patasola, tranquila, fresquita, seguro pensaron que como era un ánima, aunque fuera coja, en un santiamén se había subido desde el bosque para asustarlos otra vez en el camino.

—¿Y mi papá no se daría cuenta de que esta sábana vieja es de la casa? Más con ese remiendo rosado.

—¡Qué va, William! ¿Vos creés que con ese susto iba a darse cuenta? ¿No viste lo blanco que se puso del susto?

Cuando llegaron abajo se pusieron a recoger lo que habían dejado los tipos: la otra sierra, el tanque de gasolina, los dos machetes de los peones, la libreta, la cantimplora, una ruana nuevecita, y un sombrero también recién comprado. Toño desde arriba había recogido el revólver del inspector. No sabían dónde guardar todas esas cosas. Entonces a Toño se le ocurrió que hasta que regresara su papá del Patía las escondieran en el sitio más seguro del mundo: ¡En la cueva de la cascada!